Alles klar in 30 Tagen

KARRIERE

Text © Caro Handley
Illustrationen und Layout © Carlton Books Ltd., London
Illustrationen: Nicola Crump
Titel der Originalausgabe:
Sorted in 30 Days – Career

© der deutschsprachigen Ausgabe:
Gondrom Verlag GmbH, Bindlach 2005

Übersetzung: AMS/Dirk Oetzmann
Redaktion: Kerrin Zielke, Melanie Hertel
Covergestaltung: Constanze Ordnung
Satz: Uschi Neubauer

ISBN 3-8112-2497-2

5 4 3 2 1

Caro Handley

Alles klar in 30 Tagen KARRIERE

Aus dem Englischen übersetzt
von Dirk Oetzmann

GONDROM

Inhalt

Vorwort

Jeder Mensch verdient einen Job, der interessant ist, Spaß macht und gut bezahlt wird, einen Job, der unsere Talente und Fähigkeiten fordert und die Arbeit zu einem Vergnügen macht. Wenn Sie in einer Arbeitsstelle feststecken, die Ihnen keine Freude macht, dann haben Sie entweder Ihren Traumjob noch nicht gefunden, oder Sie können sich nicht richtig motivieren.

Wir alle können viel mehr, als wir glauben. Wir alle haben Hoffnungen, die sich eines Tages erfüllen sollen. Wir werden hauptsächlich durch unsere Zweifel und Ängste daran gehindert, unsere Ziele zu verfolgen. Bestimmt ist vieles, was Sie an Ihrem Berufsleben gern ändern würden, möglich und vor allem richtig. Wir müssen dabei unsere Träume vielleicht ein bisschen der Realität anpassen, aber sie sind ein wichtiger Teil von uns.

Welchen Beruf Sie auch immer ausüben, es ist Zeit, etwas zu verändern. Deshalb haben Sie dieses Buch in die Hand genommen. Sie wollen sich aus der Langeweile, der Unzufriedenheit oder dem Durcheinander Ihrer Situation befreien.

Folgen Sie schrittweise diesem Buch und Sie werden Ihren Arbeitsalltag mit ganz anderen Augen sehen. Sie werden sich Ihrer Stärken bewusst werden, mehr Selbstvertrauen entwickeln, in der Lage sein, die richtigen Entscheidungen zu treffen, und Sie werden den Weg zur Ihrer Traumkarriere beschreiten.

1. Tag

IHR BERUF UND SIE

Arbeit: Wer will sie schon? Wer würde nicht lieber den ganzen Tag faulenzen, Geld für Designerklamotten ausgeben, sich zum Essen mit Freunden treffen und sich den neuesten Klatsch erzählen? Arbeit ist doch eine Plage, ein notwendiges Übel, das man nur auf sich nimmt, weil man dafür Geld bekommt. Richtig?

Falsch.

Wenn Sie so denken, liegen Sie in jeder Hinsicht falsch. Untersuchungen zufolge geht es den Menschen, die „zum Glück" keine Arbeit haben, häufig sehr schlecht, sie haben viele Probleme, sind oft alkohol- oder drogenabhängig und beziehungsunfähig. Manche finden irgendwann ein Projekt – zum Beispiel eine soziale Aufgabe, in dem sie sich engagieren können, um ihrem Leben einen Sinn zu geben.

Und genau darum geht es. Jeder wünscht sich früher oder später einmal, nicht arbeiten zu müssen. Dabei ist Arbeit eigentlich ein Segen. Warum? Weil es in unserem Leben nichts gibt, das uns so viel Selbstwertgefühl und Zufriedenheit geben kann wie die Arbeit. Sie fühlen sich gut, wenn Sie Ihre Arbeit gut machen. So einfach ist das.

Was jedoch nicht so einfach ist, ist die Suche nach dem richtigen Job. Dieser ist jedoch entscheidend, denn der falsche Job oder sogar der richtige Job am falschen Ort und mit den falschen Kollegen kann sehr, sehr unglücklich machen.

Wir verbringen etwa ein Drittel unseres Lebens mit Arbeit. Häufig sogar noch länger, da viele Menschen überdurchschnittlich viel arbeiten, sehr jung anfangen oder erst sehr spät aufhören.

Wie Sie Ihre berufliche Laufbahn gestalten entscheidet darüber, ob Sie diese Jahre glücklich und zufrieden oder unglücklich und unzufrieden verbringen, ob Sie Ihre Talente, Ihr Potenzial und Ihre Fähigkeiten voll ausschöpfen oder nicht. Dazu müssen Sie sich selbst erforschen, Ihre Ziele mutig angehen und Ihre Erfolge Sie anspornen lassen.

Ob Sie Ihren Traumjob schon gefunden haben oder nicht – es gibt ihn für jeden. Manche finden ihn sehr schnell, manche wissen sogar schon als Kind, was sie werden wollen. Andere müssen abwarten, suchen, experimentieren und Fehler machen, bevor sie ihn finden. Wenn Sie zu dieser Sorte Menschen gehören, keine Angst – jetzt werden Sie genau herausfinden, was Sie wollen und wie Sie es erreichen. Und wenn Sie bereits eine Vorstellung davon haben, was Sie gern tun möchten, aber glauben, es sei unerreichbar, werden Sie in den nächsten 30 Tagen feststellen, dass Sie Unrecht haben. In Wahrheit liegt Ihr Traumjob viel näher, als Sie glauben.

Heute, an Ihrem ersten Tag auf dem Weg zu Ihrer Traumkarriere, sollten Sie sich fest vornehmen nicht aufzugeben, bis Sie die richtige berufliche Laufbahn gefunden haben. Sie sind es wert.

Der perfekte Beruf wartet auf Sie.

2. Tag

STIMMT ETWAS NICHT?

Irgendetwas stimmt nicht mit Ihrem Beruf. Sonst würden Sie ja dieses Buch nicht lesen. Vielmehr würden Sie schon längst Ihre selbst gewählte Laufbahn verfolgen.

Trifft eine der folgenden Aussagen auf Sie zu?

- Ich habe schon beim Aufstehen keine Lust, zur Arbeit zu gehen.
- Ich warte sehnsüchtig auf das Wochenende.
- Während der Arbeit langweile ich mich häufig.
- Ich versuche, bestimmten Kollegen oder Kolleginnen auszuweichen.
- Der Arbeitstag vergeht viel zu langsam.
- Die schönste Zeit des Arbeitstages sind die Pausen.
- Ich werde häufig krank.
- Ich neige zu Nachlässigkeiten.
- Ich habe schon einen Kloß im Magen, bevor ich überhaupt ins Büro gehe.
- Ich kann mich nicht richtig auf meine Arbeit konzentrieren.

Wenn Sie sich hier wiedergefunden haben, hören Sie auf zu hoffen, dass die Dinge sich von allein bessern und dass Sie in diesem Job unbedingt bleiben müssen.

Da Sie nun die Symptome Ihrer Unzufriedenheit kennen, sollten Sie sich die Gründe dafür ansehen. Vielleicht hat sich Ihnen einer der folgenden Gedanken schon einmal aufgedrängt: Überlegen Sie, ob Ihnen etwas bekannt vorkommt.

- Meine Arbeit ist langweilig und unbefriedigend.
- Mein Chef ist unfreundlich und hält mich klein.
- Ich arbeite mit schwierigen Kollegen oder mit mindestens einem Kollegen zusammen, der mir die Arbeit zur Hölle macht.
- Meine Arbeit ist moralisch fragwürdig, weil dadurch Menschen oder Tiere zu Schaden kommen können.
- Ich habe eine Ausbildung, weiß aber nicht, ob ich in dem Beruf arbeiten will.
- Ich wurde von meinen Eltern oder meinen Lehrern zu diesem Beruf gedrängt, aber eigentlich mag ich ihn überhaupt nicht.
- Ich weiß, dass ich viel mehr leisten könnte als in diesem Job.
- Ich möchte mehr Geld verdienen.
- Ich weiß zwar, was ich gern täte, traue mich aber nicht, es zu versuchen.
- Ich arbeite viel zu viel.

Vielleicht treffen ja mehrere Aussagen auf Sie zu, oder Sie haben noch andere Gründe, warum Sie Ihren Job gern aufgeben würden. Vielleicht haben Sie aber auch gar keine Arbeit und hätten gern eine Stelle. Verzweifeln Sie auf keinen Fall!

Wissen ist der erste Schritt zur Besserung.

3. Tag

ZEIT FÜR VERÄNDERUNG

Wenn Sie sich eingestehen, dass etwas in Ihrem Berufsalltag nicht stimmt und dass Sie eigentlich etwas Besseres verdient hätten, werden Sie sich erleichtert fühlen, auch wenn ein bisschen Angst und Unsicherheit mitschwingen. Vielleicht haben Sie sich immer gesagt, dass Sie sich glücklich schätzen können, überhaupt Arbeit zu haben, dass sich alles zum Guten wenden wird, dass Sie den Job mit der Zeit mehr mögen oder dass die verhasste Kollegin verschwinden wird.

Leider geschieht so etwas nur selten. Besser ist es, selbst etwas zu verändern. Warum sollten Sie unglücklich bleiben, wenn Sie etwas verbessern können? Nehmen Sie die Dinge selbst in die Hand, statt darauf zu warten, dass es ein anderer für Sie tut.

Überlegen Sie einmal, wie Sie mit Freunden und Verwandten über Ihre Arbeit sprechen. Sagen Sie vielleicht manchmal:

- Es wird schon gehen.
- Ich schätze, der Job ist schon okay.
- Heute war es gar nicht so schlimm.
- Ich hasse diesen Job.
- Ich kann den Gedanken, das noch weitere 35 Jahre machen zu müssen, nicht ertragen.
- Na ja, wer geht schon gern zur Arbeit?
- Wenn wenigstens die Bezahlung besser wäre …
- Ich kann mir gar nicht vorstellen, dass es Menschen gibt, die für etwas bezahlt werden, das sie gern tun.
- Ich bin gern krank – da habe ich einen guten Grund, nicht zur Arbeit zu gehen.

Fühlen Sie sich angesprochen? Dann ist es Zeit, etwas zu unternehmen. Niemand sollte in einer Situation gefangen sein, die er nicht verdient hat. Mit gelegentlichen Problemen kann man zurechtkommen, zum Beispiel mit Überstunden, wenn sie kein Dauerzustand sind. Sollte Ihre Lage aber unerträglich sein, müssen Sie handeln. Entweder verändern Sie etwas in Ihrem jetzigen Job oder Sie suchen sich einen anderen, der besser zu Ihnen passt. Dazu benötigen Sie Mut und Selbstvertrauen. Als Erstes sagen Sie sich jedoch:

„Ich mache das nicht länger mit."

Sprechen Sie sich diesen Satz laut vor, und meinen Sie ihn *ernst*. Legen Sie Zuversicht in Ihre Stimme, auch wenn Sie noch gar nicht zuversichtlich sind. Wenn Sie erst einmal eine Entscheidung getroffen haben, machen Sie damit den Weg frei, aus einer unangenehmen Situation auszubrechen.

Wenn Sie diesen Schritt getan haben, führt kein Weg mehr zurück. Der Teil von Ihnen, der zielstrebig und veränderungswillig ist, übernimmt die Führung, auch wenn Sie andererseits noch zögerlich und verängstigt sind.

Veränderungen sind Geschenke an sich selbst.

4. Tag

WAS MACHEN SIE EIGENTLICH HIER?

Stellen Sie sich heute eine wichtige Frage: Warum machen Sie diese Arbeit eigentlich? Sie müssen sich diese Frage stellen, denn jede Situation hat auch ihr Gutes. Es wäre unzumutbar, freiwillig eine Situation aufrechtzuerhalten, die durch und durch schlecht ist. Irgendwie zahlt es sich immer aus, auch wenn die Chancen zunächst schlecht zu stehen scheinen.

Wenn Sie erkennen, wo der Vorteil liegt, werden Sie feststellen, was Sie als Nächstes wollen, was Sie daran hindert, den Job aufzugeben und warum Sie sich diesen Job ausgesucht und so lange daran festgehalten haben. Warum hat er sich gelohnt? Nehmen Sie Papier und Stift zur Hand und notieren Sie:

- Der Job hat sich gelohnt, weil ...
- Ich bin immer noch in diesem Job, weil ...

Suchen Sie nach den Gründen, weshalb Sie einen Beruf ausüben, der Sie nicht wirklich befriedigt – es gibt mit Sicherheit mindestens einen Grund. Hier sind einige Vorschläge, die Ihnen bei der Suche vielleicht helfen können.

Ich habe diese Arbeit angenommen, weil:

- sie gut bezahlt wird,
- sie Sicherheit versprach,
- ich dachte, ich könnte leichter einen anderen Job finden, wenn ich schon Arbeit habe,
- ich dachte, ich hatte Perspektiven,
- es die erste war, die sich angeboten hat,
- meine Eltern oder mein Partner sich dies gewünscht haben.

Ich bin bei dieser Arbeit geblieben, weil:

- ich meine Kollegen mag,
- niemand zu viel von mir verlangt,
- sie gut bezahlt ist,
- ich fürchte, dass eine andere Arbeit noch schlimmer sein könnte,
- sie gut zu meinem Privatleben passt,
- meine Familie oder mein Partner meinen, ich solle bleiben.

Überlegen Sie, was davon auf Sie zutrifft oder ob es noch andere Argumente gibt. Kein Job ist nur schlecht; es gibt immer Gründe, weshalb Sie ihn angenommen haben und an ihm festhalten. Da Sie nun eine Vorstellung davon haben, welche diese Gründe sind, können Sie sie nutzen, um den nächsten Schritt zu tun.

Stellen Sie sich zum Beispiel vor, Sie bleiben, weil Sie Freunde in der Firma haben und diese ein angenehmes Betriebsklima bietet. Daran sehen Sie, wie wichtig diese Dinge für Sie sind. Sie sollten daher bei der Suche nach einem neuen Job ganz oben auf Ihrer Prioritätenliste stehen.

Oder vielleicht werden Sie gut bezahlt und befürchten, in einem anderen Job Einbußen hinnehmen zu müssen. Es ist kein Fehler, auf Geld zu achten, aber es ist falsch zu glauben, dass Sie dasselbe Geld nicht mit etwas anderem verdienen können. Es ist immer möglich, gut bezahlt zu werden und zugleich einen befriedigenden, anspruchsvollen Beruf auszuüben.

Stehen Sie unter Druck, vielleicht durch Ihre Familie oder Ihren Partner? Offenbar ist Ihnen deren Meinung sehr wichtig. Sie sollten erklären, warum Sie diese Arbeit aufgeben und etwas anderes machen wollen. Bitten Sie um Unterstützung und Beistand.

Nehmen Sie die positiven Dinge mit in ihren nächsten Job.

5. Tag

MOTIVATION

Jetzt wird es Zeit, Motivation für die Suche zu sammeln. Sie wissen, dass Ihr Job nicht der richtige für Sie ist und dass Sie etwas tun wollen, das fordernd und befriedigend ist und außerdem auch noch Spaß macht. Sie wissen, warum Sie so lange in Ihrem Job geblieben sind und was Ihnen bei der Arbeit wichtig ist. Jetzt sollten Sie sich überlegen, warum Sie genau den richtigen Job finden wollen.

Woran glauben Sie? Nehmen Sie Stift und Papier und notieren Sie, wie Sie über sich und die Arbeit denken. Zum Beispiel:

- Es gibt keinen Job, der wirklich Spaß macht.
- Niemand würde mich für die Dinge bezahlen, die ich gern mache.
- Das Leben könnte so schön sein, wenn ich nicht arbeiten müsste.
- Eigentlich habe ich gar keine besonderen Fähigkeiten oder Talente.
- Man arbeitet, um die schönen Dinge des Lebens zu finanzieren.
- Niemand geht gern zur Arbeit, oder?
- Menschen wie ich finden einfach keine guten Jobs.
- Ich hätte nie den Mut, mich für eine bessere Stelle zu bewerben.
- Wenn ich erzähle, was ich machen will, wird man mich auslachen.
- Ich arbeite, um zu leben.

Wählen Sie aus, was auf Sie zutrifft, und fügen Sie noch eigene Aussagen hinzu. Unterstreichen Sie die zwei oder drei Sätze, die Ihnen am wichtigsten erscheinen. Dies sind die Argumente, die Sie blockieren, festhalten und Ihre Motivation sowie Ihren Glauben an sich selbst zerstören.

Nun überlegen Sie sich positive Aspekte der Arbeit:

- Ich komme in jedem Job gut zurecht.
- Ich bin zufrieden, wenn ich gute Arbeit geleistet habe.
- Viele meiner Freunde haben interessante Jobs.
- Es gibt einige Dinge, in denen ich richtig gut bin.
- Im richtigen Job könnte ich es weit bringen.

Wählen Sie die passenden Argumente aus und fügen Sie gegebenenfalls eigene hinzu. Bilden Sie daraus einige neue Aussagen wie:

- Ich habe das Talent und die Fähigkeiten, alles zu tun, was ich will.
- Arbeit gehört zu den besten Dingen im Leben.
- Ich verdiene einen Job, der mir gefällt.
- Ich verdiene es, gut bezahlt zu werden.
- Meine Arbeit sollte anerkannt werden.
- Arbeit kann Freude machen und trotzdem gut bezahlt werden.

Fügen Sie noch mehr positive Aussagen hinzu, die Ihnen einfallen. Danach beschließen Sie, alle negativen Gedankenverbindungen, die Ihnen zur Arbeit einfallen, abzuschütteln und sich stattdessen nach den positiven zu richten. Notieren Sie diese und hängen Sie sie an die Wand, damit Sie häufig darauf schauen. Wiederholen Sie die Argumente gedanklich so oft Sie Zeit haben. Mit der Zeit werden Sie sie verinnerlichen. Sehen Sie sich nach anderen um, die ähnliche Ansichten haben und Berufe ausüben, die ihnen Freude machen, gut bezahlt und anerkannt sind.

Wenn Sie positiv denken, sind Sie motiviert und selbstbewusst. Sie stehen in den Startlöchern und wissen, dass der richtige Job für Sie in greifbare Nähe gerückt ist.

Glauben Sie an den perfekten Job und Sie werden ihn finden.

6. Tag

WAS BEDEUTET ERFOLG?

Was meinen Sie wirklich, wenn Sie über Erfolg sprechen? Jeder möchte gern erfolgreich sein, aber für jeden bedeutet Erfolg etwas anderes. Wirklich erfolgreiche Menschen leben ihre eigene Vorstellung von Erfolg, nicht die anderer. Nur in den Augen anderer erfolgreich sein zu wollen, macht unglücklich und unfroh.

Es gibt Beispiele von Karrieristen in Banken, die sehr viel Geld verdienen, dennoch unglücklich sind und deshalb in einen „niedrigeren" Job wechseln. Es gibt Menschen, die ihren 14-Stunden-Tag in einer Versicherung aufgeben, um als Tischler oder Kunsthandwerker mehr Zeit für die Famillie zu haben. Viele mögen sie zunächst für verrückt halten. Diese Menschen wissen aber genau, was gut für sie ist und was wirklicher Erfolg für sie bedeutet.

Übung

Nehmen Sie Papier und Stift zur Hand und schreiben Sie auf, was Erfolg für Sie ist:

- viel Geld,
- ein schönes Haus,
- ein aufregender Job,
- Anerkennung anderer,
- kreativ zu sein,
- eine starke Position mit Einfluss auf andere,
- Designerkleidung,
- ein Job, in dem die eigene Meinung gefragt ist,
- jeden Tag gern zur Arbeit zu gehen,
- sich gefordert fühlen.

Wählen Sie aus und fügen Sie eigene Aussagen hinzu. Heben Sie die Liste für später auf. Denken Sie daran, dass Sie sie ständig erweitern oder kürzen können, wenn sich Ihre Einstellung oder Ihre berufliche Situation ändert.

Die gesellschaftliche Vorstellung von Erfolg hat natürlich immer mit Geld und Macht zu tun. Sicherlich können diese Dinge Spaß machen und aufregend sein – wenn Sie sie wirklich wollen. Die wichtigste Grundlage für Erfolg ist jedoch die persönliche Zufriedenheit. Dafür muss man natürlich gefordert sein. Außerdem muss man immer das Beste aus sich herausholen, um seinen Job so gut wie möglich zu machen.

Ein Beruf, der Sie nicht fordert und Ihnen wenig abverlangt, wird irgendwann langweilig und frustrierend. Dagegen werden Sie Ihre Arbeit wirklich gern machen, wenn Sie das Beste geben und sich Herausforderungen stellen, die Sie reizen, interessieren und motivieren. Und wenn Sie Ihren Job mögen, ist das bereits der erste Schritt in Richtung Erfolg.

Jeder kann eine erfolgreiche Laufbahn einschlagen, und auch Sie können einen Beruf finden, der Sie ausfüllt und in dem Sie erfolgreich sind.

Finden Sie heraus, was Erfolg für Sie ist,
und machen Sie etwas daraus.

7. Tag

DER RICHTIGE JOB

Was würden Sie also wirklich gern tun? Welcher Beruf würde Ihnen Schwung geben? Wofür würden Sie nicht nur gut bezahlt werden, was würde Ihnen außerdem ein Gefühl von Zufriedenheit verschaffen? Wo könnten Sie Ihre Talente und Fähigkeiten richtig einsetzen, die passende Arbeitsumgebung finden und Ihre Zukunft planen?

Jeder hat die Fähigkeit zu mindestens zwei unterschiedlichen Karrieren. Glauben Sie nicht, dass es nur eine Möglichkeit gibt, Ihr Potenzial auszuschöpfen. Überzeugen Sie sich vielmehr davon, dass Ihnen mehrere Berufe Spaß machen können, dass es eine Reihe von Möglichkeiten gibt und dass Sie frei wählen können. Selbst wenn Sie eine Entscheidung getroffen haben, können Sie diese jederzeit ändern und eine zweite oder gar dritte Laufbahn einschlagen. Viele Menschen sind in zwei oder drei verschiedenen Berufen erfolgreich.

Zwei Schritte sind erforderlich, um das Passende für Sie herauszufinden. Zunächst müssen Sie ergründen, was Sie gern tun. Der zweite Schritt besteht darin, daran zu glauben, dass Sie dazu fähig sind. Heute werden Sie mit dem ersten Schritt beginnen: Sie finden heraus, was Sie wirklich tun wollen.

Übung

Nehmen Sie Papier und Stift zur Hand und schreiben Sie all die Dinge auf, die Sie gern tun. Diese müssen zunächst keinen Bezug zur Arbeit haben – schreiben Sie einfach alles auf, was Ihnen gerade einfällt und Spaß macht. Dazu können Kochen gehören oder Spaziergänge, Gespräche, Schreiben, Schwimmen, Restaurantbesuche oder Reisen.

Sehen Sie sich die Liste an und versuchen Sie, ein Muster zu erkennen. Könnten einige dieser Dinge zusammenpassen?

Nun stellen Sie einige Berufe zusammen, zu denen mindestens zwei Punkte von Ihrer Liste gehören. Wenn Sie zum Beispiel gern kochen, mit Menschen zusammen sind und organisieren, würde dazu ein eigenes Restaurant passen. Oder Sie sind gern allein, an der frischen Luft und gestalten gern. Dann wäre Gartenarchitekt ein möglicher Beruf für Sie. Vielleicht genießen Sie es aber auch, wenn Sie von vielen Menschen umgeben sind, schnell arbeiten und dabei einen kühlen Kopf behalten müssen. Dann könnte auch der Groß- oder Einzelhandel für Sie in Frage kommen.

Seien Sie so kreativ wie möglich beim Ausarbeiten dieser Liste, damit am Ende mindestens fünf verschiedene Berufe stehen, in denen Sie Dinge verwirklichen können, die Sie gern tun.

Wenn Sie wissen, was Sie mögen, wissen Sie bald, was Sie wollen.

8. Tag

IHRE TALENTE

Heute geht es um Ihre Talente und Fähigkeiten, mit denen Sie Ihre Jobliste noch ein wenig erweitern. Bevor Sie jetzt fragen: „Was für Talente denn?" – Stop! Jeder hat Talente und zwar meistens mehr, als er glaubt. Oft setzt man tagtäglich eine Reihe von Talenten und Fähigkeiten ein, ohne überhaupt darüber nachzudenken.

Übung

Schreiben Sie Ihre zehn wichtigsten Talente und Fähigkeiten auf.
Vielleicht sind das:

- gute organisatorische Fähigkeiten,
- Pünktlichkeit,
- ein gutes Gedächtnis,
- Spaß am Umgang mit Kindern oder Erwachsenen (oder beiden),
- eine angenehme, beruhigende Ausstrahlung,
- die Fähigkeit zu unterhalten,
- eine gute Ausdrucksweise,
- Musikalität,
- eine ausgeprägte mathematische Begabung,
- eine rücksichtsvolle, vorausschauende Fahrweise.

Nun schreiben Sie zehn Erkenntnisse auf, die Sie in Ihrem Leben gewonnen haben:

- Organisation ist besser als Chaos.
- Ich weiß, wie man mit jemandem umgeht, der zu viel getrunken hat.
- Ich bewege mich lieber in kleinen als in großen Gruppen.
- Ich weiß, wie man die Unhöflichkeiten seiner Mitmenschen wegsteckt.
- Ich spreche gern vor Publikum.
- Ich wachse an meinen Aufgaben.
- Ich weiß am besten, was gut für mich ist.
- Es lohnt sich, wenn ich mich einsetze.
- Das Leben ist voller Überraschungen.
- Manchmal bekomme ich genau das, was ich will.

Wenn möglich, erweitern Sie diese Listen noch, sodass ein Muster Ihrer Talente entsteht und Sie erkennen, wie viel Sie bereits über Arbeit und das Leben gelernt haben.

Nun notieren Sie zehn Punkte, die Sie in Ihren Job einbringen, zum Beispiel:

- Engagement,
- organisatorische Fähigkeiten,
- Durchhaltevermögen,
- Ehrgeiz,
- schnelle Auffassungsgabe,
- Wissbegier,
- Umgänglichkeit,
- Sorgfalt,
- Weitblick und Umsicht,
- Ehrgeiz.

Inzwischen werden Sie feststellen, dass Sie in verschiedenen Berufen eine Menge zu bieten hätten. Ist das nicht ein tolles Gefühl?

Sie haben viele Talente und Fähigkeiten – genießen Sie sie.

10. Tag

IHR IDEALER ARBEITSTAG

Heute werden Sie sich das Vergnügen machen, Ihren idealen Arbeitstag zu beschreiben. Stellen Sie sich vor, Sie hätten die freie Wahl. Wie würde dieser Tag aussehen? Er sollte sie fordern, anspornen und sich auszahlen. Ein Tag, an dessen Anfang Sie sich gut und an dessen Ende Sie sich noch besser fühlen.

Ein solcher Arbeitstag ist durchaus realistisch, aber Sie müssen sich natürlich überlegen, wie er aussehen könnte. Manche lieben turbulente Büros im Stadtzentrum, andere ein stilles Atelier am Strand. Sie müssen dabei nicht an einen bestimmten Beruf denken, stellen Sie sich einfach nur Ihr bevorzugtes Arbeitsumfeld vor und wo und mit wem Sie am liebsten arbeiten würden, wann Sie gern anfangen und wann Sie aufhören wollen.

Übung

Schreiben Sie auf, wie Ihr schönster Arbeitstag aussehen würde. Achten Sie auf die folgenden Einzelheiten:

Wann erreichen Sie Ihren Arbeitsplatz?
Beginnen Sie morgens um 6 Uhr, um 10 Uhr, mittags oder lieber erst am Abend? Jeder fühlt sich zu einer bestimmten Tageszeit am besten, und diese ist auch die beste Zeit zum Arbeiten.
Wo sind sie?
Befinden Sie sich in einem Großraumbüro, in einem schönen Atelier oder in einer kleinen Firma, in der nur eine Hand voll Menschen arbeiten?
Wie sind Sie dort hingekommen?
Sind Sie zu Fuß gegangen oder mit dem Fahrrad, Bus oder Zug gefahren?
Was tun Sie?
Sitzen Sie an einem Schreibtisch oder sind Sie ständig auf den Beinen, denken Sie in Ruhe und kreativ über die anstehenden Entscheidungen nach oder beschäftigen Sie sich mit zehn Dingen gleichzeitig?
Mit wem arbeiten Sie zusammen?
Sind Sie von temperamentvollen, energiegeladenen Kollegen umgeben, oder arbeitet Ihr Chef in der Nähe, den Sie sehr respektieren und von dem Sie viel lernen können? Delegieren Sie an andere oder arbeiten Sie einfach still und allein?
Was gefällt Ihnen an dieser Arbeit?
Macht es Ihnen Spaß, einen Handel abzuschließen, kreativ zu sein, positives Feedback zu bekommen und sich Herausforderungen zu stellen?
Wer bezahlt Sie?
Eine Person, eine Firma oder eine Institution?
Wie viel verdienen Sie?
Sehr viel? Nicht übermäßig viel, aber ausreichend? Nicht sehr viel, aber das stört Sie nicht?
Warum arbeiten Sie dort und nicht jemand anderes?
Was befähigt gerade Sie für diesen Beruf? Was ist das ganz Besondere an Ihnen, dass Sie für diesen Job genau richtig sind?

Diese Übung liefert Ihnen zusätzliche Informationen über Ihr bevorzugtes Arbeitsgebiet. Fügen Sie diese den bisher gewonnenen Erkenntnissen hinzu und überlegen Sie, ob langsam ein Bild entsteht. Nun kommen Sie der Vorstellung von Ihrem Lieblingsjob schon bedeutend näher.

Sie können jeden Tag in einem idealen Arbeitsumfeld verbringen.

11. Tag

DER GEHEIME TRAUM

Gehen Sie heute einmal tief in sich und denken Sie an Ihren geheimen Traum. Jeder hat einen solchen Traum – etwas, das man besonders gern tun würde, das inspiriert und das man sich gern vorstellt. Meistens sehen wir diesen Traum als unerfüllbar an. Wir fragen uns: „Wie könnte ich so viel Glück haben? Wie sollte ich auch nur darauf hoffen können?"

Manchmal ist der Traum schon da, nur eben nicht in Ihrem Beruf. Vielleicht handelt es sich um etwas, das Sie in Ihrer Freizeit tun, was Ihnen großen Spaß macht, wofür Sie aber wohl niemals Geld bekommen würden. Andere vergraben ihren Traum so tief, dass sie gar nicht an ihn herankommen können. Vielleicht leben Sie ja ein Leben, das sich von Ihrem Traum stark unterscheidet, und Sie fragen sich, warum Sie sich unausgefüllt fühlen und Ihr Berufsleben nicht „rund läuft"?

Einige Beispiele von Menschen, die sich ihren Traum erfüllt haben:

Katrin war ein erfolgreiches Model, fühlte sich aber dennoch nicht wohl. Ihr ganzes Leben lang hatte man ihr gesagt, dass ihr Aussehen ihr einziges Kapital sei. Aber sie wusste, dass sie etwas anderes wollte. Schließlich fasste Katrin den Mut, sich zur Berufsberaterin ausbilden zu lassen. Nun konnte sie endlich anderen helfen – etwas, das sie schon immer tun wollte.

Johanna war erfolgreiche Personalchefin einer großen Firma. Dennoch langweilte sie sich in ihrem Beruf und wartete täglich ungeduldig darauf, abends zu Hause jeden Raum umgestalten und dekorieren zu können. Sie war bereits fünfmal umgezogen und hatte sich immer wieder ein völlig anderes Heim geschaffen. Sie konnte sich nicht vorstellen, für etwas, das sie wirklich gern tat, bezahlt zu werden. Dann beschloss sie, es wenigstens zu versuchen. Heute ist sie eine erfolgreiche, selbstständige Raumausstatterin.

Paul arbeitete für ein großes Finanzunternehmen. Obwohl er recht erfolgreich war, deprimierte ihn die Vorstellung, auch die nächsten 30 Jahre in diesem Beruf zu verbringen. Es war immer sein Traum gewesen, ein Buch zu schreiben. Er arbeitete in seiner Freizeit daran, erzählte aber niemandem davon. Heute lebt Paul als Schriftsteller.

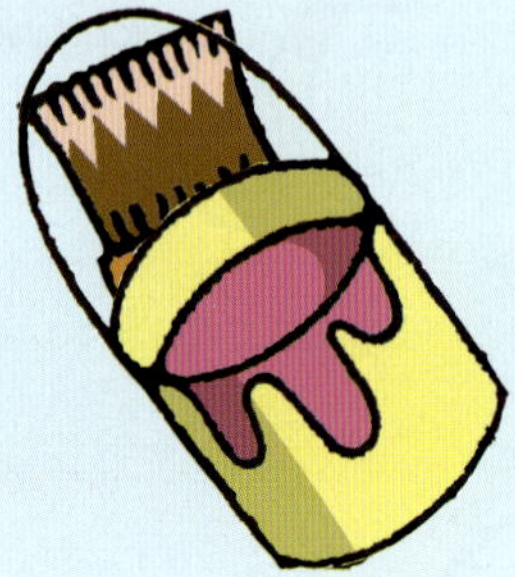

Solche Geschichten geschehen. Sie können Ihren geheimen Traum dort lassen, wo er ist, oder Sie arbeiten darauf hin, bis er schließlich wahr wird.

Denken Sie daran:

- Ein geheimer Traum ist nie falsch. Versuchen Sie, Ihren Traum zu leben, denn so bleiben Sie sich treu.
- Es erfordert Mut, den eigenen Traum zu leben. Halten Sie sich von denen fern, die sagen, es sei unmöglich; wahrscheinlich behaupten sie das nur, weil sie selbst nicht dazu in der Lage sind.
- Wenn Sie Ihren geheimen Traum noch nicht erkannt haben, schreiben Sie alles auf, was Sie gern tun oder tun würden.
- Man benötigt Willenskraft und Durchhaltevermögen, um seinen Traum zu verwirklichen. Lassen Sie sich durch nichts aufhalten.

Ihr geheimer Traum weist Ihnen den Weg zum richtigen Job.

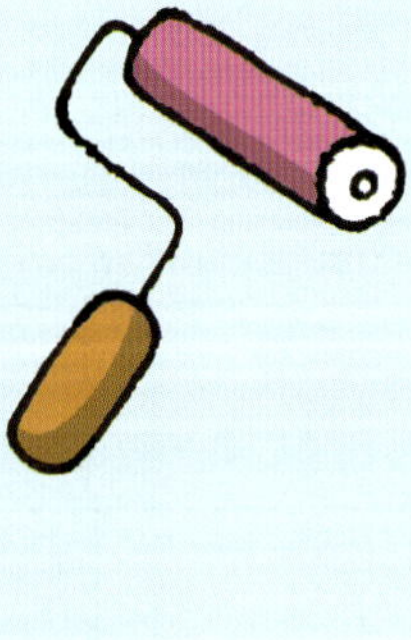

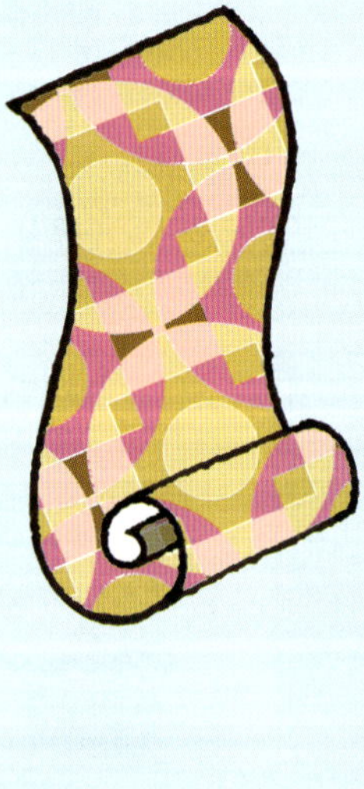

12. Tag

DOCH, ICH KANN!

Glauben Sie immer noch, dass Sie Welten von Ihrem Traum entfernt sind? Glauben Sie, dass es vielleicht anderen gelingen kann, ihre Träume zu verwirklichen, Ihnen aber nicht? Dass Ihr Leben so ausgefüllt ist, dass zum Träumen keine Zeit mehr bleibt? Wenn ja, ist es Zeit für die Strategie: „Doch, ich kann!"

Es genügt nicht, Ihren Traum zu kennen, um ihn zu verwirklichen. Sie müssen auch an sich selbst glauben, an Ihre Fähigkeiten und Ihr Potenzial. Und genau darum geht es. Es wird Ihnen leichter fallen, Pläne für Ihre Zukunft zu machen – für ein Leben, in dem Sie Ihren Traumberuf ausüben, erfolgreich sind, gut bezahlt werden und Anerkennung finden. Dafür müssen Sie sich zunächst selbst schätzen lernen.

Der Fünf-Punkte-Plan

1. Schreiben Sie Ihren Traum auf

Mit anderen Worten: Seien Sie stolz auf Ihren Traum und stellen Sie sich vor, er würde wahr. Schreiben Sie darüber in Ihr Tagebuch, zeichnen Sie ein Bild davon – tun Sie alles, was notwendig ist, um ihn der Wirklichkeit etwas näher zu bringen. Sehen Sie sich selbst als einen Menschen, der seinen Traum bereits verwirklicht hat und sich großartig fühlt.

2. Ermutigen Sie sich

Beobachten Sie, wie Sie über Ihren Traum denken. Kritisieren Sie sich selbst, lachen Sie sich aus, winken Sie insgeheim ab? Dann hören Sie auf damit. Sie zerstören Ihre Selbstachtung. Fangen Sie stattdessen damit an, sich Mut zu machen. Sagen Sie sich: „Das ist genau das Richtige für mich, ich werde dafür arbeiten, ich habe alle nötigen Fähigkeiten, um mein Ziel zu erreichen." Wiederholen Sie diese Sätze, auch wenn sie zunächst nicht glaubwürdig scheinen. Letztlich werden Sie daran glauben.

3. Werfen Sie die Zweifel über Bord

Thematisieren Sie alle Zweifel, die Sie hinsichtlich Ihres Traums hegen, und schütteln Sie sie ab. Zunächst schreiben Sie sie auf, zum Beispiel: „Ich würde das nie schaffen, Menschen wie mir gelingt so etwas eben nicht, ich bin viel zu untalentiert." Wenn Sie alles aufgeschrieben haben, verbrennen Sie das Papier. Nun schreiben Sie neue, positive Argumente auf und hängen die Liste an eine Stelle, auf die Sie häufig schauen. Sobald ein negativer Gedanke auftaucht, schieben Sie ihn von sich und denken sich ein neues, positives Argument aus.

4. Suchen Sie sich Unterstützung

Sprechen Sie mit engen Freunden, denen Sie vertrauen, über Ihren Traum. Erzählen Sie nicht jedem davon, denn dann müssen Sie sich viele erschöpfende Geschichten anhören, die nur Ihre Energie verbrauchen. Wenn jemand nicht an Sie glaubt, diskutieren Sie nicht. Lächeln Sie einfach und wechseln Sie das Thema.

5. Lernen Sie, sich selbst zu mögen

Das ist ein entscheidender Punkt. Wenn Sie sich nicht mögen, werden Sie Ihren Traum nie erreichen. Sie müssen sich und Ihre Leistungen anerkennen und all die schönen Eigenschaften an sich bemerken, die Ihnen früher nicht aufgefallen sind. Sehen sie sich als jemanden, der weiß, was er will und es auch bekommt. Sagen Sie sich jeden Tag: „Doch, ich kann!" Und meinen Sie es ernst.

Folgen Sie diesem Plan von heute an. Machen Sie ihn zu einem Teil Ihres Lebens, Ihres Denkens und Handelns. So bekommen Sie den Rückhalt, den Sie brauchen, um Ihren Traum zu verwirklichen und den richtigen Beruf zu finden.

Sie können alles, wenn Sie nur daran glauben.

13. Tag

IHR TRAUMBERUF

Heute werden Sie damit beginnen, eine Verbindung zwischen Ihrem Traum und einem realen Beruf herzustellen, um den Sie sich bemühen können.

Möglicherweise denken Sie, dass Ihr Traum viel zu realitätsfern sei, als dass Sie damit jemals Geld verdienen könnten. Überdenken Sie Ihre Ansicht noch einmal, denn es gibt immer eine Verbindung zwischen dem, was Sie sind, und dem, was Sie gern sein möchten. Kein Traum ist völlig unerfüllbar. Wenn Ihr Traum erreichbar scheint, Sie immer begleitet und Ihnen viel bedeutet, dann können Sie ihm auch folgen.

Nehmen wir an, es wäre Ihr Traum, auf einer Yacht um die Welt zu segeln, aber Sie wurden schon seekrank, als Sie das letzte Mal eine kleine Fähre betraten. Nehmen wir an, Sie wären gern eine Meisterköchin, aber Sie können überhaupt nicht kochen. Sie wären gern Schriftstellerin, waren aber in der Schule schon schlecht in Deutsch.

Unmöglich? Keineswegs. Jeder, der einen tollen Job hat, hat irgendwann bei null angefangen.

Die Weltumseglerin Tracey Edwards wurde während ihres ersten Jobs auf einem Boot mehrfach seekrank. Die besten Küchenchefs der Welt haben einmal kochen gelernt. Schulnoten sagen nicht viel über Fähigkeiten als Schriftsteller aus.

Entscheidend ist nicht, was Sie bisher getan haben, sondern, was Sie ab heute tun werden. Wenn Sie Erfolg haben wollen, müssen Sie sich darüber im Klaren sein, was Sie wollen, und daran arbeiten.

Als zukünftige Seglerin könnten Sie auf einem Schiff das Deck schrubben. Sie wollen Küchenchefin werden? Nehmen Sie einen Job im Restaurant an, und wenn es nur Tellerwäscherin ist. Wer Schriftsteller werden will, muss lesen, lesen, lesen und schreiben, schreiben, schreiben.

Es gibt immer einen Weg, immer eine Möglichkeit und immer Alternativen. Manche der Menschen, die heute interessante, erfolgreiche Berufe ausüben, wurden früher als hoffnungslose Fälle abgeschrieben, aber sie gaben nicht auf und setzten sich durch. Gehören auch Sie zu dieser Kategorie: Seien Sie einer der Menschen, die ihren Traum verwirklichen, und tun Sie das, was Sie wirklich wollen. Versetzen Sie Ihr Umfeld in Erstaunen und machen Sie sich selbst das schönste Geschenk – einen Beruf, den Sie lieben.

Tun Sie das, was Ihnen gefällt, und geben Sie Ihr Bestes.

14. Tag

DER KARRIEREPLAN

Heute beginnen Sie mit der Planung. Um etwas zu erreichen, brauchen Sie einen Plan. Dieser Plan wird wie eine Landkarte sein, auf der Sie Ihre Traumkarriere einzeichnen, inklusive der Teilerfolge, die Sie dabei erzielen müssen.

1. Schritt

Schreiben Sie auf, was Sie in fünf Jahren tun wollen. Stellen Sie sich vor, bis dahin hätten Sie ihren Traumjob bekommen. Natürlich kann es in Wirklichkeit schneller gehen oder auch etwas länger dauern. Das hängt davon ab, worum es geht. Für diese Übung nehmen wir aber einfach einen Zeitraum von fünf Jahren an: Stellen Sie sich Ihr Leben vor und schmücken Sie Ihre Karriere in Gedanken richtig aus.

Sie könnten sich vorstellen, Moderatorin zu sein und eine eigene Sendung zur besten Sendezeit zu haben.

2. Schritt

Jetzt gehen Sie die halbe Zeit zurück, also um zweieinhalb Jahre. Was tun Sie? Woher wissen Sie, dass dies die halbe Strecke zu Ihrem Traumjob ist? Welchen Beruf üben Sie aus, und macht er Ihnen Spaß?

Eine zukünftige Moderatorin könnte zum Beispiel das Programm ansagen.

3. Schritt

Sehen Sie nun ein Jahr voraus. Welche Tätigkeit bringt Sie Ihrem Traumjob näher? Arbeiten Sie bereits in der richtigen Branche? Hat Ihr Job etwas mit Ihrem Traumberuf zu tun? Macht er Ihnen Spaß und bringt er Sie Ihrem Traum näher?

Eine zukünftige Moderatorin könnte zu diesem Zeitpunkt im Archiv arbeiten oder als Produktionsassistentin bei einer Fernsehanstalt, um die richtigen Leute kennen zu lernen und sich für bessere Stellen zu bewerben.

4. Schritt
Was tun Sie in drei Monaten? Welche Entscheidungen haben Sie getroffen? Was hat sich verändert, was haben Sie unternommen, um Ihrem Traum näher zu kommen?

Die zukünftige Moderatorin könnte sich für alle möglichen Jobs in der Medienbranche bewerben, einen Rhetorikkurs belegen und sich über die Fernsehindustrie informiert haben.

Großartige Karrieren ergeben sich nicht von allein. Sie sind das Ergebnis von Recherche, harter Arbeit und vielen Anstrengungen. Diejenigen, denen eine solche Laufbahn gelingt, lassen sie häufig so aussehen, als hätte sie sich von selbst ergeben. Das stimmt aber nur in den wenigsten Fällen. Die meisten erfolgreichen Menschen arbeiten sehr hart. Wenn Sie jedoch auf Ihren Traum zubewegen, kommt Ihnen auch harte Arbeit nicht mehr so hart vor.

Entscheidend ist, dass fast alle erfolgreichen Menschen ihre Karriere geplant haben. Im Rahmen einer amerikanischen Untersuchung wurden Studenten nach ihren Zukunftsplänen gefragt. Nur 10 Prozent hatten Pläne. Zehn Jahre später waren diese 10 Prozent genau dort, wo sie sein wollten.

Planen Sie gut und arbeiten Sie beständig auf Ihren Traumjob hin.

15. Tag

AUSARBEITUNG DES PLANS

Heute werden Sie Ihren Plan etwas genauer ausarbeiten. Sie haben Ihren Traum, Sie haben Ihren Plan und Sie können sich ausmalen, wie Sie in fünf Jahren genau das tun, was Sie wollen.

Dem Plan mehr Gestalt geben heißt, die Lücken zu füllen, damit Sie Ihr Ziel erreichen. Was genau brauchen Sie, um dorthin zu gelangen? Müssen Sie studieren, üben, Geld sparen, Kurse belegen oder an einige Türen klopfen, bis sie sich öffnen? Vielleicht sollten Sie mit jemandem in Kontakt treten, der die von Ihnen gewählte Laufbahn bereits eingeschlagen hat, und ihn um Rat fragen oder sich als Assistent oder Trainee bewerben. Es gibt viele Wege.

Übung

Nehmen Sie Papier und Stift und notieren Sie die ersten Details. Beantworten Sie die folgenden Fragen:

Welche Qualifikationen benötige ich?
Vielleicht besitzen Sie ja schon einige Qualifikationen oder Sie müssen noch einiges lernen, um die ersten oder zusätzliche Qualifikationen zu erwerben.

Wer kann mir helfen?
Gibt es jemanden, der Ihnen auf Ihrem Weg behilflich sein könnte? Gute Freunde, die Sie verstehen, könnten ein paar gute Ideen haben.

Von wem kann ich etwas lernen?
Wer sind die Experten, die ebenfalls Ihre angestrebte Laufbahn gewählt haben und Ihnen Rat geben könnten?

Wie kann ich mich weiterbilden?
Müssen Sie als Trainee anfangen oder Seminare belegen?

Was muss ich üben?
Auf welchen Gebieten müssen Sie Spezialist werden? Brauchen Sie mehr Übung? Welche Fähigkeiten Sie auch benötigen, üben Sie, so viel Sie können.

Was wird das alles kosten?
Ein wichtiger Punkt. Wenn Sie Ihre Ausbildung finanzieren müssen, überlegen Sie genau, welche Kosten auf Sie zu kommen.

Woher soll das Geld kommen?
Wollen Sie neben der Ausbildung arbeiten? Können Sie Bafög beantragen oder sich für ein Stipendium bewerben? Schreiben Sie so viele Antworten wie möglich unter jede Frage. Wenn Sie keine Antworten haben, machen Sie sich eine Notiz, dass Sie Nachforschungen anstellen müssen. Füllen Sie Ihren Plan so weit aus wie möglich und fügen Sie in den nächsten Tagen weitere Punkte hinzu. In Ihrem Plan muss auch stehen, was Sie in einer Woche erreichen wollen und in den Monaten des kommenden Jahres. Im zweiten Jahr stellen Sie dann Ihre Pläne für jeweils ein Quartal auf. Sie können die Details für später im Lauf der Zeit noch verfeinern und den Bedingungen anpassen.

Die Details geben Ihrem Plan den nötigen Schliff, damit er wahr werden kann.

16. Tag

DER ERSTE SCHRITT

Gut gemacht! Sie haben die Hälfte Ihrer Aufgaben erledigt, Sie wissen nun, was Ihr Traumberuf ist, und Sie haben Ihren Plan ausgearbeitet. Was kommt also als Nächstes?

Heute treten Sie zum ersten Mal in Aktion, um Ihren Traum zu verwirklichen. Ohne Taten ist noch kein Plan und kein Traum verwirklicht worden. Heute ist also der Tag gekommen, an dem Sie den Stein ins Rollen bringen.

Was brauchen Sie als Erstes, um sich auf den Weg zu machen? Hier einige Möglichkeiten:

- **Informieren Sie sich im Internet.**
- **Gehen Sie in die Bibliothek, um sich zu informieren.**
- **Rufen Sie jemanden an, der Ihnen helfen kann.**
- **Füllen Sie die Bewerbungsunterlagen für ein Seminar oder einen Job aus.**
- **Gehen Sie zu der Firma, in der Sie arbeiten möchten und fragen Sie nach Arbeit.**
- **Finden Sie den Namen einer Person heraus, die eine Spitzenposition in der von Ihnen gewählten Laufbahn einnimmt, und bitten Sie schriftlich um Hilfe.**

Es gibt noch viele andere Möglichkeiten. Wählen Sie die aus, die Ihnen am besten geeignet scheinen, um Sie voranzubringen.

Schreiben Sie fünf Dinge auf, mit denen Sie heute noch starten können. Und dann fangen Sie auch an. Am besten mit dem, was Sie lieber als Letztes tun würden. Es ist wahrscheinlich das Nützlichste von allem.

Blockieren Sie sich nicht, indem Sie sagen, dass Sie nur noch so lange warten werden, bis Sie in der richtigen Stimmung sind. In der richtigen Stimmung ist man nämlich fast nie.

Das Verhalten bestimmt die Gefühle!

Das ist schlicht und ergreifend die Wahrheit. Wenn Sie sich anders fühlen wollen, dann sollten Sie sich anders verhalten. Setzen Sie sich also nicht hin und warten darauf, dass Sie plötzlich einen Energieschub bekommen. Fangen sie einfach an, und das richtige Gefühl wird sich von allein einstellen.

Dies ist eines der großen Geheimnisse erfolgreicher Menschen. Sie tun, was nötig ist, unabhängig davon, wie sie sich fühlen oder ob sie Lust dazu haben. Außerdem lassen sie sich durch nichts davon abhalten. Also, machen Sie den ersten Schritt …

Nach dem ersten Schritt sind auch 1000 Kilometer zu schaffen.

17. Tag

EIN BRIEF AN SICH SELBST

Heute werden Sie einen Brief an sich selbst schreiben – über Ihre Hoffnungen, Träume, Ziele und Pläne. Stellen Sie sich die Adressatin als eine Freundin vor, die sie mögen und respektieren und die es verdient, ein glückliches und zufriedenes Leben zu führen. Schreiben Sie so, als ob es schon sechs Wochen später wäre. Richten Sie sich nach folgenden Eckpunkten:

- Sehen Sie auf die vergangenen sechs Wochen zurück und loben Sie sich für das, was Sie erreicht haben.
- Erinnern Sie sich an Ihre Ziele und daran, warum diese so wichtig für Sie sind.
- Heben Sie Ihre Stärken und Talente wohlwollend hervor.
- Fragen Sie sich, wie es mit Ihrer Karriere vorangeht und ob Sie die Ziele erreicht haben, die Sie sich bis hierhin gesetzt hatten.
- Ermutigen Sie sich weiterzumachen und an das Erreichen Ihrer Ziele zu glauben.
- Erinnern Sie sich an die Dinge, mit denen Sie sich selbst unterstützen können.

Wenn Sie mit dem Brief fertig sind, kleben Sie ihn zu, geben Sie ihn einer Freundin und fordern Sie sie auf, Ihnen den Brief in etwa sechs Wochen zu schicken. Bis dahin werden Sie den Brief wahrscheinlich vergessen haben. Also werden Sie ihn, wenn es so weit ist, lesen, als ob Sie ihn zum ersten Mal sehen.

Der Brief wird Sie aufmuntern und unterstützen, und er wird Sie gleichzeitig an Ihre Ziele und Pläne erinnern. Er ermöglicht Ihnen, Ihre Fortschritte zu überprüfen und Ihre Pläne gegebenenfalls anzupassen. Sie werden sehen, wie weit sie gekommen sind und was Sie als Nächstes tun müssen. Sollten Sie von Ihrem Weg abgekommen sein, kann der Brief Sie wieder zurückführen. Wenn Sie gut vorangekommen sind, ist er wie ein aufmunternder Klaps auf die Schulter.

Vielleicht wollen Sie diese Übung sogar wiederholen und einen weiteren Brief an sich schreiben, der nach sechs Wochen zurückkommt. Sie können sich sogar wöchentlich Briefe schreiben, um Ihre Fortschritte besser im Auge zu behalten. So behalten Sie die Kontrolle und unterstützen sich selbst sehr wirkungsvoll.

Mit einem Brief an sich
fördern und unterstützen
Sie sich selbst.

18. Tag

SELBSTDARSTELLUNG

Heute werden Sie darüber nachdenken, wie Sie sich Ihrem Umfeld gegenüber darstellen. Sie kennen sich selbst am besten. Sie wissen, was Sie ausmacht – Ihre Wärme, Ihr Humor, Ihre Cleverness, Ihre Talente. Wer Sie gerade erst kennen lernt, sieht nur Ihr Äußeres. Also müssen Sie sicherstellen, dass das, was er sieht, großartig ist, und dass das, was Sie sagen, ebenso fabelhaft ist.

Während Sie Ihre Karriere verfolgen, werden Sie viele Menschen in den unterschiedlichsten Situationen erleben. Es könnte sich um zukünftige Chefs oder Mitarbeiter handeln, um Kollegen, Klienten, Patienten oder Geschäftspartner. Es können Menschen sein, die Sie mögen und respektieren oder über die Sie gar nichts wissen. Jeder von ihnen zählt, unabhängig davon, wie wichtig oder unwichtig er ist. Jeder sollte einen guten Eindruck von Ihnen bekommen. Also sollten Sie sich heute genau ansehen und entscheiden, was es zu verändern oder zu verbessern gilt.

Haar

Ihr Haar sollte immer frisch gewaschen, glänzend und gut geschnitten sein.

Gesicht

Ihr Make-up sollte tagsüber zurückhaltend und unauffällig sein. Lassen Sie sich ruhig von einer Expertin beraten.

Kleidung

Sie sollte schick, aber nicht aufdringlich sein. Bleiben Sie Ihrem Stil treu, aber wenn er zu auffällig ist, mildern Sie ihn etwas ab.

Schmuck

Tragen Sie nicht, was zu auffällig oder feierlich aussieht, vor allem tagsüber.

Körper

Tragen Sie kein zu intensives Parfum. Leichte, frische Düfte eignen sich am besten.

Man soll den Eindruck bekommen, eine ordentliche, fröhliche, modebewusste und attraktive Frau vor sich zu haben. Eine Frau, die weiß, was sie will, die einen guten Geschmack besitzt und deren Aussehen ihre Persönlichkeit unterstreicht. Wichtig sind auch die Umgangsformen. Hier einige Regeln:

Zuhören

Fallen Sie niemandem ins Wort und tun Sie nicht so, als würden Sie alles wissen. Hören Sie sich an, was Ihre Gesprächspartner zu sagen haben.

Fragen

Wenn Ihnen etwas nicht klar ist, scheuen Sie sich nicht, nachzufragen.

Sprechen Sie deutlich

Flüstern oder kichern sie nicht und vermeiden Sie, zu häufig „äh" zu sagen.

Sagen Sie, was Sie denken

Versuchen Sie nicht, jemandem zu schmeicheln, indem Sie ihm nach dem Mund reden. Sagen Sie, was Sie denken, und seien Sie immer in der Lage, dies auch zu begründen.

Schauen Sie nach oben

Wer ständig zu Boden, aus dem Fenster oder über jemandes Schulter sieht, irritiert den Gesprächspartner. Oft geschieht dies aus Schüchternheit, aber Sie sollten dies bewusst vermeiden und Ihrem Gesprächspartner in die Augen sehen.

Betonen Sie Ihre Stärken und Ihre Pluspunkte. Zeigen Sie sich von Ihrer besten Seite und Sie werden geachtet werden.

Was Sie auch planen, eine gute Selbstdarstellung gehört dazu.

19. Tag

SUCHEN SIE VERBÜNDETE

Wo Sie in Ihrem Leben auch hingehen und was Sie auch tun, Sie treffen immer wieder dieselben zwei Typen von Menschen: die Motivierer und die Demotivierer. Sie sollten auf beide achten, denn sie können großen Einfluss auf Ihr Leben nehmen. So erkennen Sie die beiden Typen:

Demotivierer:

- lassen Sie nach einem Gespräch mit einem Gefühl der Leere zurück;
- stellen sich gern als Opfer dar;
- erregen anfangs vielleicht Ihr Mitleid, später aber eher Ihren Unwillen;
- unternehmen nie etwas Positives, um ihre Lebensqualität zu erhöhen;
- erzählen Ihnen all ihre Probleme und verwickeln Sie darin; folgen Ihrem Rat aber nie;
- stagnieren in ihrem Beruf oder ihrer Beziehung;
- interessieren sich nicht wirklich für Sie, Ihre Arbeit oder Ihr Leben;
- haben keinen Durchblick – sie verstehen nicht, warum etwas in ihrem Leben schief geht;
- verbrauchen Ihre Zeit, Ihre Energie und Ihre Kräfte, ohne je etwas zurückzugeben.

Motivierer:

- geben Ihnen Kraft und ein gutes Gefühl;
- zeigen sich kompetent, fähig und effektiv;
- bringen das Beste in Ihnen hervor;
- erregen Bewunderung, Respekt und Sympathie;
- übernehmen Verantwortung für ihr Leben;
- fragen nach Ihrer Meinung und respektieren diese, handeln zuweilen auch danach;
- blicken in ihrem Leben, ihrer Arbeit und ihrer Beziehung immer nach vorn;
- zeigen echtes Interesse an Ihnen und wissen, wie man Freundschaften aufbaut;
- wissen, worum es geht, drängen sich aber nicht auf;
- geben in jeder Beziehung mehr, als sie nehmen.

Offensichtlich gilt es, demotivierende Menschen zu meiden. Wenn Sie Ihnen nicht aus dem Weg gehen können, reduzieren Sie den Kontakt auf ein Minimum und investieren Sie weder Ihre Zeit noch Ihre Energie in sie. Kümmern Sie sich nicht um deren Probleme und zeigen Sie kein Mitgefühl – machen Sie einfach weiter mit dem, was Sie gerade tun. Demotivierer werden von jedem, der ihnen zuhört, geradezu magisch angezogen.

Motivierende Menschen sind dagegen gute Gesellschaft, und man kann viel von ihnen lernen. Sie stehen oft weit oben in der Hierarchie, sind häufig sehr erfolgreich, ohne arrogant zu sein. Ihre Gegenwart ist eine Bereicherung für Ihren Alltag.

Motivierer bewegen etwas – werden sie einer von ihnen.

20. Tag

RISIKEN EINGEHEN

Heute sollten Sie über die Risiken nachdenken, die mit Ihrem Traumberuf einhergehen. Warum? Weil Sie immer Risiken eingehen, wenn Sie an Türen klopfen. Risiken sind unvermeidlich, wenn Sie vorankommen und etwas erreichen wollen.

Der einzige Weg, Risiken zu vermeiden, ist immer auf Nummer sicher zu gehen, also zu bleiben, wo Sie sind und sich mit dem zufriedenzugeben, was Sie haben, also Langeweile und Frustration zu akzeptieren. Es ist der einfache Weg, doch er führt nirgendwo hin. Risiken sind aufregend und spannend, wenn man vorsichtig und klug mit ihnen umgeht. Natürlich können Sie verlieren, versagen oder ein Nein zur Antwort bekommen, aber Sie könnten auch Erfolg, Spaß und Befriedigung finden.

Wann sollten Sie ein Risiko eingehen?
Wenn der potenzielle Erfolg den möglichen Verlust aufwiegt: Das heißt, wenn das, was Sie wollen, so wichtig für Sie ist, dass Sie eine Niederlage dafür in Kauf nehmen. Wenn Sie diesen einen Job, dieses Geschäft, dieses Treffen unbedingt wollen, dann setzen Sie alles ein, um es zu bekommen, und Sie vertrauen darauf, dass es sich lohnen wird. Wenn es nicht klappt, versuchen Sie es eben noch einmal. Wenn es aber klappt, fühlen Sie sich fantastisch. Und genau dieses Hochgefühl, wenn alles funktioniert, ist das Eingehen eines Risikos wert.

Ein sicheres Leben ist ein langweiliges Leben, ein Leben ohne Saft oder Leidenschaft. Risiken sind nichts Schlechtes. Sie müssen dazu Ihre ausgetretenen Pfade verlassen und etwas wagen – etwas Unbekanntes, Neues und vielleicht Schwieriges. Wenn Sie Ihren Traum verwirklichen wollen, müssen Sie den Mut aufbringen, zu neuen Ufern aufzubrechen.

A
B
C

Fragen Sie sich, welche Risiken Sie eingehen und welchen Sie lieber aus dem Weg gehen wollen. Welche Ergebnisse könnten Sie akzeptieren, welche nicht? Wann ist ein Risiko prickelnd und motivierend, und wann wird es unüberschaubar?

Lernen Sie Ihre Risikobereitschaft kennen. Sie könnten es zum Beispiel riskieren, eine Ablehnung auf Ihre Bewerbung für Ihren Traumjob zu bekommen, sind aber vielleicht nicht bereit, Ihren derzeitigen Beruf aufzugeben. Überlegen Sie, mit welchen Risiken Sie sich noch wohl fühlen, und gehen Sie dann einen Schritt weiter. Wenn Sie sich zutrauen, sich für eine Stelle zu bewerben, die sich ganz gut anhört, aber nicht für die, die Sie eigentlich anstreben, dann gehen Sie einen Schritt weiter und bewerben sie sich für den Traumjob.

Gehen Sie Risiken überlegt ein und Sie werden gewinnen.

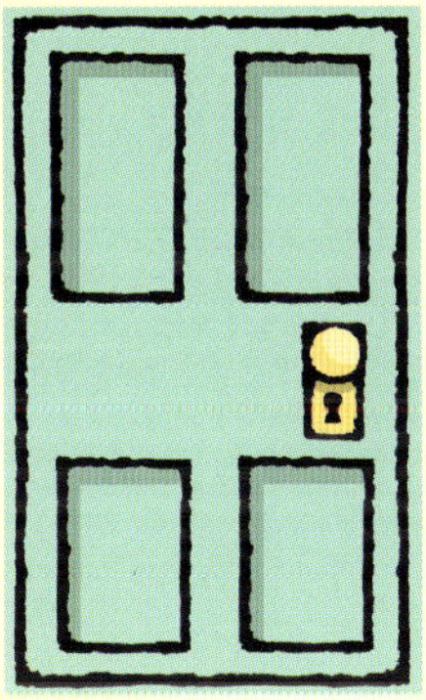

21. Tag

DIE WAHRHEIT ÜBER MISSERFOLGE

Heute sollten Sie sich darüber Gedanken machen, welche Rolle Fehlschläge in Ihrem Leben spielen. Nichts behindert Menschen mehr dabei, ihre Träume zu erfüllen, erfolgreich zu sein und den Traumjob zu finden als die lähmende Angst vor dem Versagen. Sie verhindert, dass Sie durchhalten und Ihre Chancen nutzen.

„Wer bin ich denn, dass ich so etwas erreichen könnte?“, fragen Sie sich. „Das bin ja nur ich, und ganz nach oben schaffe ich es nie.“ Warum eigentlich nicht? Erfolgreiche Menschen, die erreichen, was sie wollen, sind nicht immer talentierter, besser oder klüger als die anderen. Oft haben sie einfach mehr Courage. Sie haben zwar vielleicht Angst zu versagen, aber sie versuchen es trotzdem.

Überwinden Sie Ihre Angst vor dem Versagen!

Erfolg geht immer mit Misserfolg einher. Die meisten erfolgreichen Menschen haben häufiger als einmal versagt.

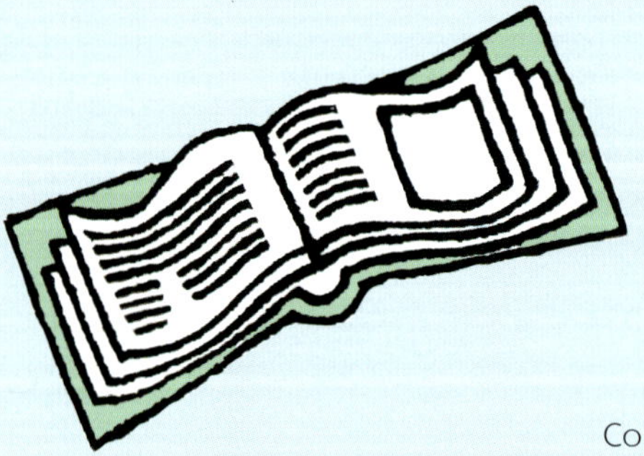

Hier eine Geschichte über Fehlschläge: Vor vielen Jahren erkannte ein älterer Amerikaner, dass das Beste, was er besaß, sein Hühnchenrezept war, und er beschloss, es zu verkaufen. Er ging zu einem Großhändler und bot das Rezept gegen eine Gewinnbeteiligung an. Insgesamt holte sich der Mann über 1000 Absagen, ehe er das Rezept erstmals verkaufte. Sein Name war Colonel Sanders, und damit begann die Erfolgsstory von Kentucky Fried Chicken.

Es gibt viele solcher Beispiele. Einige der berühmtesten Bücher der Welt wurden von mehreren Verlagen abgelehnt, bevor sie schließlich veröffentlicht wurden. Viele hatten Jennifer Capriati bereits abgeschrieben, als sie privat und sportlich Probleme bekam, aber sie kämpfte sich wieder zurück an die Tennis-Weltspitze. Richard Dyson benötigte sehr viele Anläufe, um schließlich den Staubsauger ohne Beutel zu erfinden.

Erfolgreiche Menschen geben nicht auf. Sie glauben an sich selbst und Sie lernen aus ihren Fehlern.

Fragen Sie sich heute:

- **Wo habe ich bisher versagt?**
- **Was kann ich daraus lernen?**
- **Bin ich bereit, etwas zu riskieren, um etwas zu erreichen?**
- **Glaube ich noch an mich, wenn es sonst niemand mehr tut?**

Jeder Misserfolg ist ein Stück auf Ihrem Weg zum Erfolg. Also keine Angst – Fehlschläge gehören eben dazu.

Misserfolg kann Sie nur stärken.

22. Tag

BLEIBEN SIE REALISTISCH

Heute denken Sie darüber nach, wie realistisch Ihre Pläne und Ambitionen tatsächlich sind. Der Begriff „realistisch" darf hier nicht falsch verstanden werden. Wenn jemand fragt: „Ist das realistisch?", will er Ihren Plänen meistens einen Dämpfer versetzen. „Sei realistisch" kann eine deprimierende Aufforderung sein, als ob man Ihnen das, was Sie vorhaben, nicht zutraut, als ob Sie unerfüllbaren Träumen hinterherjagen oder Ihre Fähigkeiten überschätzen. Es gibt eine ganze Reihe von Sprichwörtern, die dazu auffordern, dass Sie Ihre Erwartungen besser nach unten schrauben oder Ihre Pläne überdenken und endlich die – natürlich harte und unangenehme – Realität sehen sollten.

Diese Art Realismus ist aber nicht gemeint. In der Realität geschehen großartige und unerwartete Dinge. In der Realität haben Menschen trotz schlechter Chancen und entgegengesetzter Erwartungen anderer Erfolg. In der Realität werden Träume wahr, wenn man ein bisschen Talent und große Entschlossenheit besitzt.

Realistisch sein bedeutet, sich Folgendes zu fragen:

- Arbeite ich wirklich im für mich richtigen Beruf?
- Habe ich mir die notwendige Zeit genommen, um neue Fähigkeiten zu erwerben und mir anzueignen?
- Kann ich mein Ziel wirklich erreichen, auch wenn der Weg weit und sehr mühevoll sein wird?

Wenn Sie sich sagen: „Ich bin einfach nur realistisch", suchen Sie wahrscheinlich eine Entschuldigung dafür, übervorsichtig, nachlässig oder entmutigt zu sein. Wahr ist aber, dass Sie viel mehr erreichen können, als Sie bisher geglaubt haben. Unabhängig davon, wo Ihrer Meinung nach die Grenzen Ihrer Fähigkeiten liegen, Sie können davon ausgehen, dass Sie zu bescheiden sind.

Jeder kann Großes erreichen. Diese Fähigkeit ist nicht nur einer kleinen Minderheit gegeben. Erfolg ist für alle da, die an sich glauben und sich ausreichend Mühe geben.

Wenn Sie jemand auffordert, „realistisch" zu sein oder „auf den Boden der Tatsachen" zurückzukommen, überlegen Sie, ob dies berechtigt ist und ob Sie Ihre Pläne vielleicht im Lauf der Zeit anpassen müssen. Aber lassen Sie nicht zu, dass jemand Sie entmutigt oder aufhält. Wenn Sie Ihren Traum erreicht haben, werden dieselben Menschen sagen: „Ich wusste, dass du es schaffst." In Wahrheit wussten aber nur Sie, dass Sie es schaffen – und genau deshalb hat es auch funktioniert.

Sagen Sie sich ab heute jeden Tag:

„Ich weiß, dass ich es kann. Ich lebe meinen Traum. Nichts kann mich aufhalten. Ich kenne mich und ich weiß, dass ich alles erreichen kann, was ich will."

Bleiben Sie realistisch und machen Sie ihre eigene Karriere.

23. Tag

ARBEIT UND PRIVATLEBEN IN BALANCE

Heute sollen Sie sich über das Gleichgewicht zwischen Ihrer Arbeitszeit und Ihrem Privatleben Gedanken machen. Auf Ihrem Weg zum Erfolg dürfen Sie dieses nicht aus den Augen verlieren. Es gibt da einige Mythen über die Arbeit und das Verhältnis zwischen Arbeit und Privatleben, die wir hier ansprechen müssen.

Welche der folgenden Aussagen ist Ihrer Meinung nach richtig?

- **Je härter ich arbeite, desto mehr Erfolg werde ich haben.**
- **Wer viele Überstunden macht, wird respektiert und geachtet.**
- **Wenn der Beruf Spaß macht, sollte man sich über Überstunden keine Gedanken machen.**
- **Um im Beruf etwas zu erreichen, muss man das Privatleben zurückstellen.**
- **Man kann keinen tollen Job und zugleich ein erfülltes Privatleben haben.**
- **Mein Chef wird mehr von mir halten, wenn ich besonders hart und viel arbeite.**

Sehen Sie sich Ihren derzeitigen Arbeitsalltag gut an: Wie viel arbeiten Sie? Nehmen Sie sich ausreichend Zeit für Pausen oder stehen Sie so unter Druck, dass Sie sich schuldig fühlen, wenn Sie überhaupt eine Pause machen? Kommen Sie morgens früher zur Arbeit oder gehen Sie abends später, um noch Aufgaben zu erledigen? Wird von Ihnen erwartet, dass Sie unbezahlte Überstunden machen? Wenn Sie eine dieser Fragen mit ja beantwortet haben und den obigen Aussagen zustimmen, überdenken Sie Ihre Situation noch einmal. In unserer Gesellschaft wird die Arbeit verherrlicht, und mehr Arbeit gilt auch immer als bessere Arbeit.

In Wirklichkeit steckt hinter diesen Mythen Folgendes:

- **Überarbeitung führt zu Krankheiten, Depressionen und mangelnder Effizienz.**
- **Ohne ausgeglichenes Verhältnis zwischen Arbeit und Privatleben kann man langfristig weder kreativ noch produktiv sein.**
- **Wer zu viel arbeitet, meidet oft einfach einen anderen Teil seines Lebens.**
- **Kein Beruf sollte mehr als acht Stunden Arbeit am Tag erfordern. Wenn Sie länger arbeiten, beschäftigt die Firma zu wenig Personal, und man sollte eigentlich nicht für einen solchen Arbeitgeber arbeiten.**

- Bei der Arbeit ist weniger oft mehr. Einige Stunden wirklich produktiver Arbeit sind mehr wert als ein sehr langer, anstrengender Tag im Alltagstrott. Wer selbstständig ist, lernt dies recht schnell – wenn man für sich selbst arbeitet, erledigt man viele Dinge in der Hälfte der Zeit.

Auch wenn Sie einen großartigen Beruf haben: Überarbeiten Sie sich nicht. Ihr Privatleben ist wichtig. Niemand soll später nur über Sie sagen: „Sie war toll in ihrem Beruf."

Halten Sie die Balance zwischen Arbeit und Privatleben und Sie bleiben gesund und glücklich.

24. Tag

WERDEN SIE AKTIV

Heute geht es um unterdrückte Aktivität. Man muss wissen, was man will. Man braucht einen Plan und muss den ersten Schritt gehen. Um Träume zu verwirklichen und im Traumberuf zu arbeiten, muss man aber handeln – und zwar beständig.

Erfolg hat mit Handeln zu tun, ob man sich nun danach fühlt oder nicht. Es ist sehr leicht, einige Dinge in Angriff zu nehmen und dann schlapp zu machen und die Motivation zu verlieren. So bleiben die meisten Menschen auf der Strecke. Sie sagen sich: „Immerhin habe ich es versucht" oder: „Es war einfach zu schwierig" oder: „Ich musste feststellen, dass ich nicht ausreichend Zeit und Kraft dafür hatte."

Sie können weglaufen, wenn Sie wollen. Sie können aber auch zu den Gewinnern gehören, zusammen mit den anderen, die jeden Tag Zeit und Energie aufgebracht haben, bis sie es geschafft hatten.

Denken Sie daran: Alles ist möglich.

Selbst wenn Sie sehr beschäftigt sind, können Sie Ihre Ziele verfolgen. Sie könnten:

- **eine Stunde früher aufstehen;**
- **einige weniger interessante private Termine fallen lassen;**
- **die Mittagspause nutzen;**
- **sich jeden Tag zehn Minuten und einmal pro Woche einen ganzen Abend Zeit nehmen;**
- **bestimmte Arbeiten im Haushalt nicht täglich machen.**

Wenn Sie Ihren Traumjob erst einmal gefunden haben, wird Handeln zur wichtigsten Aufgabe. Richtige Überzeugungen sind wichtig, aber ohne zu handeln, werden Sie Ihre Karriere nicht verfolgen können.

Werden Sie jeden Tag aktiv. Sie könnten:

- **Ihre Pläne angleichen,**
- **Ihr Auftreten überprüfen,**
- **Recherchen anstellen,**
- **sich über Ihren Traumberuf informieren.**

Tun Sie alles, was Ihnen einfällt, um Ihrem Ziel näher zu kommen. Nur durch Handeln wird die Welt verändert. Lassen Sie andere ruhig darüber reden, was sie alles tun wollen. Sie werden sich die Worte sparen und stattdessen handeln. Die anderen werden sich noch wundern, wenn Sie sie überholen.

- **Um ein interessantes Leben zu führen, müssen Sie handeln.**
- **Um Ihre Zweifel zu zerstreuen, müssen Sie handeln.**
- **Um Ergebnisse zu bekommen, müssen Sie handeln.**
- **Um an sich selbst glauben zu können, müssen Sie handeln.**
- **Um Ihre Ziele zu verfolgen, müssen Sie handeln.**

Handeln ist der einzige Weg zum Traumberuf.

25. Tag

ZEIGEN SIE FLAGGE

Heute sollten Sie darüber nachdenken, wie Sie sich verkaufen. Das mag sich merkwürdig anhören, aber in jedem Beruf muss man sich verkaufen können. Es lohnt sich deshalb, Zeit und Mühe darauf zu verwenden.

Sehen Sie sich als Unternehmen – sozusagen als Ich-AG.

Für Freiberufler ist das offensichtlich, aber auch Angestellte bieten potenziellen Abnehmern (Arbeitgebern) Produkte und Dienstleistungen (Fähigkeiten und Talente) an. Darum geht es eben in der Arbeitswelt. Ob Sie nun Künstlerin, Lehrer, Berater, Kosmetikerin oder Börsenmakler sind: Immer verkaufen Sie Ihre Einzigartigkeit.

Hier einige Fragen zur Ich-AG:

- Was verkaufe ich?
- Wem verkaufe ich etwas?
- Was ist das Besondere an mir?
- Wo liegen meine Stärken gegenüber den anderen?
- Warum sollte sich ein Abnehmer für mich interessieren?
- Habe ich den richtigen Preis angesetzt?
- Ist mein Angebot (Lebenslauf) so gut wie möglich?

26. Tag

ZÄHLEN SIE IHRE ERFOLGE

Es wird höchste Zeit, endlich Ihre Erfolge zu zählen. Sie glauben, da gibt es nicht viel zu zählen? Da täuschen Sie sich. Sie glauben, Sie könnten Ihre Erfolge an einer Hand abzählen? Sicher nicht! Jeder hat viele Erfolge in seinem Leben. Nur bemerken wir sie nicht immer und würdigen sie nicht ausreichend.

Wir konzentrieren uns viel zu oft auf die Dinge, die wir falsch gemacht, nicht geschafft, vermasselt oder gar nicht erst versucht haben. Das ist natürlich jedem schon passiert. Aber warum sollte man diese Dinge problematisieren, wenn man sich dann schlechter fühlt und an Selbstvertrauen verliert? Befassen Sie sich stattdessen mit Ihren Erfolgen. Beginnen Sie damit, ihnen mehr Aufmerksamkeit und mehr Anerkennung zu schenken. Belohnen und loben Sie sich.

Nehmen Sie Papier und Stift zur Hand und schreiben Sie „Meine Erfolge" oben auf das Blatt. Beginnen Sie mit der Schulzeit und gehen Sie dann alle Erfolge Ihres Arbeitslebens durch, zum Beispiel:

- **bestandene Prüfungen;**
- **Freundschaften, die sich während der Schul- oder Studienzeit und im Berufsleben gebildet haben;**
- **angebotene Stellen;**
- **schwierige Kollegen oder Chefs, mit denen Sie fertig geworden sind;**
- **erfolgreiche Projekte;**
- **Lob und Anerkennung, die Sie erfahren haben;**
- **Vorschläge von Ihnen, die aufgenommen wurden;**
- **die positive Art, mit der Sie auf schwierige Aufgaben reagiert haben;**
- **persönliche Probleme, die Sie bewältigt haben;**
- **Verletzungen und Enttäuschungen, die Sie hinter sich gelassen haben.**

Erfolge zeigen sich nicht nur durch Urkunden und Auszeichnungen. Ihr Erfolg zeigt sich darin, wie Sie mit Herausforderungen umgehen und wie viele schöne Dinge Sie geschaffen haben.

Verweisen Sie stolz auf Ihre Erfolge. Wenn Ihnen jemand ein Kompliment macht oder etwas Anerkennendes sagt, schreiben Sie es auf ein Stück Papier und stecken Sie dieses in ein kleines Kästchen. Sie werden überrascht sein, wie schnell es sich füllt. Diese positiven Kommentare sind nur ein kleiner Teil Ihres persönlichen Erfolgs.

Nehmen Sie sich selbst als erfolgreiche Person wahr. Erfolgreiche Menschen besitzen Souveränität – sie prahlen nicht, aber sie lassen sich auch nicht für dumm verkaufen. Sie kennen ihren Wert, deshalb: keine falsche Bescheidenheit. Sie haben die Ausstrahlung, die Erfolg mit sich bringt.

Zählen Sie jeden Erfolg und erfreuen Sie sich an Ihrem eigenen Wert.

27. Tag

VERLASSEN SIE SICH AUF SICH SELBST

Heute machen Sie sich um Ihre Selbstständigkeit Gedanken. Unabhängig von Ihrem Beruf ist es besonders wichtig, dass Sie sich auf sich selbst verlassen können. Warum? Weil Sie Ihren potenziellen Erfolg und die Erfüllung Ihrer Wünsche aufs Spiel setzen, wenn Sie beginnen, sich auf andere Menschen oder Institutionen zu verlassen.

Selbstständigkeit ist in der heutigen Welt wichtiger als je zuvor. Finanzielle Abhängigkeit vom Partner oder den Eltern untergräbt das Selbstbewusstsein. Um sich wirklich erwachsen, erfolgreich und zufrieden zu fühlen, sollten Sie Arbeit finden, die Ihnen Spaß macht und sich auszahlt.

Sie müssen sich unter allen Umständen auf sich selbst verlassen können. Das hilft Ihnen, wenn etwas bei der Arbeit schief geht, Pläne nicht funktionieren oder Sie womöglich entlassen werden. Wenn Sie auf sich selbst zählen können, werden Sie immer in der Lage sein, mit etwas fertig zu werden und das Beste daraus zu machen.

Zur Selbstständigkeit gehören die folgenden Punkte:

Loben Sie sich

Unabhängig davon, wie Sie aussehen, was Sie sagen oder nicht sagen, beschließen Sie heute, sich nicht mehr ungerechtfertigt zu kritisieren – loben Sie sich. Seien Sie ehrlich, wenn es etwas zu verbessern gibt – und tun Sie es –, aber seien Sie nett zu sich, würdigen Sie all die schönen Dinge und Ihre richtigen Entscheidungen.

Werden Sie Ihre beste Freundin

Überlegen Sie, wie Sie Ihre beste Freundin behandeln und behandeln Sie sich selbst genauso – mit Wärme, Mitgefühl und Unterstützung.

Jammern Sie nicht

Verschwenden sie keine Zeit darauf, über Dinge zu jammern, die schief gelaufen sind. Das nützt niemandem, am wenigsten Ihnen. Bleiben Sie optimistisch und gut gelaunt – auch wenn das manchmal schwierig ist.

Reduzieren Sie die Probleme

Kümmern Sie sich selbst um Ihre Probleme. Treffen Sie kluge Entscheidungen und suchen Sie immer nach Lösungen, dann werden Sie bald weniger Probleme haben.

Vertrauen Sie auf Ihr Urteil

Vielleicht würden Sie gern den Rat von guten Freundinnen einholen. Fragen Sie nur eine oder zwei, sonst laufen Sie Gefahr, widersprüchliche Ratschläge zu erhalten und sich verwirren zu lassen. Suchen Sie Antworten bei sich selbst. Sie wissen am besten, was gut für Sie ist.

Trainieren Sie Ihre Selbstständigkeit jeden Tag. Sie werden davon profitieren.

Verlassen Sie sich auf sich und Sie können alle Probleme bewältigen.

28. Tag

DER RICHTIGE ZEITPUNKT

Heute überlegen Sie, wann der richtige Zeitpunkt für einen Karriereschritt gekommen ist. Nur Sie selbst können ihn bestimmen, aber es gibt Anzeichen, die Ihnen helfen.

Manchmal ist der richtige Zeitpunkt offensichtlich – nämlich wenn Sie von Ihrem jetzigen Job in den Traumberuf einfach wechseln können. In der Regel funktioniert das aber nicht. Wahrscheinlich müssen sie einen Job zur Überbrückung annehmen, der Ihre Ausgaben abdeckt, bis Sie zu Ihrem wirklichen Traumberuf wechseln.

Möglicherweise müssen Sie sich selbstständig machen. Für viele Menschen ist es eine angenehme Vorstellung, sein eigener Herr zu sein und sich keine Vorschriften machen lassen zu müssen. Wenn Sie sich selbstständig machen wollen, fragen Sie sich vielleicht, wann der richtige Zeitpunkt gekommen ist.

Dafür gibt es keine Regel, aber einige Anhaltspunkte:

- **Werden Sie finanziell zurechtkommen, wenn Sie den nächsten Schritt unternehmen?**
- **Warten Sie ungeduldig darauf, aus Ihrer jetzigen Position zu entkommen?**
- **Sind Sie bei dem Gedanken an Ihre neue berufliche Zukunft aufgeregt?**
- **Haben Sie alle Informationen gesammelt, alle Kontakte geknüpft und einen Plan aufgestellt?**
- **Haben Sie genug Vertrauen in sich, um sicher zu sein, dass Sie mit allen auftauchenden Problemen fertig werden können?**

Wenn Sie alle Fragen mit ja beantwortet haben, ist es an der Zeit, ins kalte Wasser zu springen.

Eine Warnung: Wenn es, bevor Sie kündigen, auch reizvoll ist, zu Ihrem Chef zu gehen und ihm zu sagen, was Sie wirklich von ihm und Ihrem Job halten: Lassen Sie es. Und überwerfen Sie sich auch nicht mit einem unliebsamen Kollegen. Das würde Sie zwar kurzfristig befriedigen, aber möglicherweise wäre der Schaden größer als der Nutzen. Bemühen Sie sich lieber um ein gutes Verhältnis zu den

Kollegen und Vorgesetzten und behalten Sie Ihren Ärger für sich. Möglicherweise benötigen sie eine Referenz, Geschäftskontakte oder bestimmte Informationen, um Ihre neue Karriere aufzubauen.

Bewahren Sie Ihre Würde, freuen Sie sich und konzentrieren Sie sich auf das Wesentliche – Ihre berufliche Laufbahn.

Wählen Sie den Zeitpunkt selbst und behalten Sie die Kontrolle.

29. Tag

EIN LEBEN LANG

Heute denken Sie über Ihr weiteres Arbeitsleben nach und erinnern sich daran, dass Sie nun den Grundstein für Ihre Traumkarriere gelegt haben – eine Karriere, die Ihre Talente und Fähigkeiten fordert, die Ihnen Zufriedenheit verschafft und Sie herausfordert, Sie glücklich macht und Ihnen Freude bereitet.

Halten Sie sich an die folgenden Richtlinien:

Sie sollten immer einen Plan haben

Sie wissen inzwischen, wie wichtig ein Plan ist, um Ihre neue Karriere zu starten. Auch wenn Sie diesen Schritt bereits hinter sich haben, ist ein Plan immer noch von Bedeutung. Setzen Sie sich beständig neue Ziele und planen Sie, wie diese zu erreichen sind. Genießen sie die Gegenwart und freuen Sie sich auf die Zukunft, die Sie selbst mitgestalten.

Passen Sie Ihren Plan an

Nicht nur das Leben im Allgemeinen, auch die Karriere ist voller Überraschungen. Machen Sie sich auf das Unerwartete gefasst. Veränderungen und Überraschungen gehören zum Leben, können aber unangenehm und sogar unheimlich sein. Versuchen Sie, mit allem zu rechnen, ruhig zu bleiben und Ihren Plan den Gegebenheiten so weit wie nötig anzupassen.

Bleiben Sie sich treu

Sie müssen zwar Ihren Plan anpassen, aber das heißt nicht, dass Sie Ihre Ziele aufgeben. Es bedeutet vielmehr, dass man manchmal neue Wege finden muss, um Hindernisse zu überwinden. Bleiben Sie flexibel, aber vergessen sie Ihre Träume nicht. Bleiben Sie sich treu und behalten Sie Ihren Traum im Auge.

Setzen Sie Prioritäten

Arbeit ist ein wichtiger Teil des Lebens. Was Sie tun, wie Sie Ihren Lebensunterhalt verdienen und Ihre Fähigkeiten einsetzen, spielt eine wichtige Rolle. Aber messen Sie der Arbeit nicht zu viel Bedeutung bei. Zu einem schönen Leben gehört ein Gleichgewicht, in dem sowohl für Arbeit als auch für Ihr Privatleben Platz ist.

Bleiben Sie in guter Gesellschaft

Die Menschen, mit denen Sie sich bei der Arbeit umgeben, sind sehr wichtig. Untersuchungen zufolge werden wir stark von den Menschen beeinflusst, mit denen wir viel Zeit verbringen. Wir neigen dazu, ähnlich zu denken, uns ähnlich zu kleiden und uns ähnlich zu verhalten. Umgeben Sie sich also mit Menschen, die humorvoll, kultiviert, gefühlvoll, intelligent und geistreich sind, und nehmen Sie sich ein Beispiel an ihnen.

Folgen Sie diesen Richtlinien in Ihrem weiteren Arbeitsleben und Sie werden den wahren Sinn des Wortes Erfolg verstehen. Bleiben Sie sich und Ihren Zielen treu und behandeln Sie andere immer mit Respekt und Anteilnahme.

Ihr Arbeitsalltag sollte Sie erfüllen und befriedigen.

30. Tag

ZEIT ZU FEIERN

Gut gemacht! Sie können stolz auf sich sein, dass Sie so weit gekommen sind. Wenn Sie das ganze Buch bewältigt haben, haben Sie viel über Ihr Leben und Ihre Fähigkeiten nachgedacht und darüber, wie Sie erreichen, was Sie wollen.

Jetzt ist die Zeit zum Feiern gekommen. Machen Sie das, was Sie am liebsten tun – trinken Sie ein Glas Champagner, gehen Sie aus, feiern Sie eine Party oder machen Sie sich ein Geschenk – oder alles zusammen! Feiern bedeutet schließlich auch:

- die eigenen Talente anzuerkennen;
- die positive Wendung in Ihrem Leben zu bestätigen;
- sich bei den Menschen zu bedanken, die Ihnen geholfen und Sie unterstützt haben;
- das bisher Erreichte zu genießen;
- sich darüber zu freuen, endlich zu wissen, was Sie wirklich wollen und dass Sie auf dem Weg dorthin sind;
- den eigenen Mut und die eigene Motivation zu würdigen;
- sich für die Risiken zu belohnen, die Sie für Ihr Ziel eingehen mussten;
- sich darüber zu freuen, dass man seinen Job gern tun kann und genug Geld damit verdient;
- zu wissen, dass Sie Ihr Arbeits- und Privatleben im Gleichgewicht halten können;
- zu wissen, dass Sie mit allen Hindernissen fertig werden können, die Ihnen begegnen.

Feiern Sie ausgiebig und beglückwünschen Sie sich – Sie haben es sich verdient. Vergessen Sie dabei aber nicht, dass auch Bescheidenheit zum Erfolg gehört. Halten Sie sich an die folgenden Regeln, damit Ihr Erfolg nicht auf Kosten anderer oder Ihres Urteilsvermögens geht.

Genießen Sie Ihren Erfolg, ohne selbstgefällig zu werden. Freuen Sie sich über das, was Sie haben, ohne es als selbstverständlich anzusehen. Schätzen Sie die Menschen um Sie herum und behandeln Sie niemanden von oben herab. Halten Sie Ihre Pflichten ein und tun Sie nichts Unehrliches.

Lassen sie sich von diesen Gedanken leiten, wenn Sie den Weg zum Erfolg beschreiten und genießen Sie jeden Schritt.

Feiern Sie – Sie verdienen, sich großartig fühlen!

EIN WORT ZUM SCHLUSS

Nun beginnt Ihr neues Arbeitsleben, und Sie verfolgen endlich die Karriere, die Sie sich verdient haben. Denken Sie daran: Sie haben alles, was dafür notwendig ist. In Ihnen stecken der Mut, die Motivation und die nötige Entschlossenheit.

Bleiben Sie sich treu und Sie werden die passende Arbeit für sich finden. Akzeptieren Sie nichts Geringeres. Ein Beruf, der Ihnen nichts bedeutet oder den Sie nicht mögen, laugt Sie aus. Erinnern Sie sich daran, dass es immer die Möglichkeit gibt, sich zu verändern und eigene Ziele zu verfolgen.

Lassen Sie sich nicht durch Selbstzweifel aufhalten. Zweifel und Ängste sind dazu da, erkannt und überwunden zu werden. Werden Sie eine Persönlichkeit, die alle Hindernisse des Lebens überwindet. Gehören Sie zu den Gewinnern und teilen Sie Ihren Erfolg mit anderen, damit auch sie erkennen, dass der Traumberuf möglich ist und den Mut fassen, sich der Herausforderung zu stellen.

Arbeiten Sie gut, arbeiten Sie hart, arbeiten Sie überlegt und genießen Sie Ihr Leben!

ZUM WEITERLESEN

aus dem Gondrom Verlag

Adam, Birgit: **Business-Knigge,** Bindlach 2004

Adam, Birgit; Faber, Andreas; Kordt, Christa; Pöppelmann, Christa:
Einfach zum Erfolg, Bindlach 2004

Alexander, Jane: **5-Minuten-Wellness,** Bindlach 2005

MacEoin, Beth: **Neue Energie für Körper, Geist und Seele,** Bindlach 2004

Pöppelmann, Christa: **Bewerbung,** Bindlach 2002
Erfolg durch Selbst-Marketing, Bindlach 2004
Kommunikation, Bindlach 2002

Rottloff, Andrea: **Networking,** Bindlach 2004

Schmidt, Iris; Grisse-Seelmeyer, Dörthe: **Motivation,** Bindlach 2004

Sieck, Annerose und Jörg-Rüdiger: **Work-Life-Balance,** Bindlach 2004

Zeer, Darrin: **Gelassen durch den Alltag,** Bindlach 2005
Wellness im Job, Bindlach 2005
Feng Shui im Job, Bindlach 2005
Yoga im Job, Bindlach 2005